그곳은
또다른
숨

전봉수 시집

상상인 시인선 083

누가 적셔 놓은 건지

잊히지 않는 따뜻한 향

•본문 페이지에서 한 연이 첫 번째 행에서 시작될 때에는 〈 표기를 합니다.
•저자의 의도에 따라 작품의 보조 동사와 합성 명사는 띄어쓰기가 달라질 수 있습니다.

시인의 말

떠밀려 가듯

서둘러 가다가

뒤돌아볼 수 있는

시간

나를 찾아본다

⠿ 차례

1부   이름 모를 작은 풀꽃
가슴에 내려앉은 햇살

2부　온통 흔들어 놓고는
그저 길을 가라 한다

3부   누가 적셔 놓은 건지
잊히지 않는 따뜻한 향

4부 흩어진 시간들을 모아
푸르른 하늘에 새기고

1부

이름 모를 작은 풀꽃
가슴에 내려앉은 햇살

소라게

저물어 가는 해 바라보다
솔잎 사이 지나는 바람 보지 못했다
멀어진 바다의 소식도 듣지 못했다

소리 없이 흐르는 여정의 끝자락
마음만 고요하다

다시
또
밀물이다

어떤 울음은 흐르지 않고 고인다

비가 내린다
개구리가 울어댄다
빗소리에 젖은 울음이 너무
선명해
흐르는 물에
꽃잎 하나 띄워준다
그래도 운다

나는 떠내려가지 않는데
개구리는 여전히 운다

잘라내면 더 풍성해지는 것들

촉촉이 비 내린 후, 지인이 들깨 모종을 가져다주며 심으란다 심어놓고 드나들며 물도 주었다 깨 성장이 궁금했던 지인이 순 자르기 할 때가 됐다며 가르쳐 주고 떠난다 자른 자리 뒤돌아보고, 더 자른 건 아닌가
　후회하며 남은 것들은 자르지 않았다 얼마 후 그곳은 놀라웠다 순 자르기 한
　그곳에 다시 태어난 풍성함
　정지된 생각

　순 자르기 한 시간들 어떠한 인내였었나
　나는

봄

비가 내린다

한낮의 나른함이 사라진다

가슴이

뛴다

이면지

유난히 연필을 좋아했던 내게
내미는 하얀 백지
그녀의 손에서 내 손으로 건네졌다

표현 못 하는 내 마음을 엿보았나?
못한다고 안 한다고
닫혀 있던 마음 들킨 것은 아닐까?

어릴 적 오빠의 연필이 생각난다
잘 깎여진 연필 잡고
사각사각 써 내려가는 소리가 들린다

언니 여기에 연습하세요
그녀가 글 쓰라는 말에
아들
아원
호야
적어본다

저 먼 불빛은 누구의 등대일까

등대 하나 테이블에 앉아 있다

등대는 언제나 먼 곳
또 다른 등대 곁에 기대서고 싶다
아름다운 등대 찾아
삶의 물결 잠재우러 바다를 찾기도 한다
때론 성난 폭풍에
드센 파도에도
의연히 버티고 있는 등대 보며
멀리도 아닌
가깝지도 않은 그곳에 마음 뺏기며
시선 집중하던 중

저녁노을 기울어져
어둠에 내려앉을 즈음에
긴 포근한 불빛

온몸에 파고든다

오늘은 길 밝힐 등대 하나 사 왔다

식물성 호랑이

　백두대간 식물원 산등성에 올랐다 남편은 바알갛게
언 코를 비비면서 호랑이가 누워 있기만 한 모습을 마
음에 안 들어 했다 몇 살인지 이름이 뭔지 알아 오는
사이 쩌렁쩌렁 큰소리 내며 일어서는 모습에 화들짝 놀
라 사진으로 담으려 얼른 철망 가까이 다가선다 아들
은 대공원에서나 봤던 호랑이가 그곳에 떡하니 버티고
폼 잡는 모습에 끌렸는지 가까이 다가선다 누구 하나
부르지도 않았는데 다들 한마음 되어 옮겨 다닌다 세상
그늘 하나 없이 호랑이에만 집중되어 마냥 기뻐하는 사
람들의 모습에 나도 덩달아 따라다니며 남편과 아들을
번갈아 본다 사람들 표정 일일이 보다가 웃음보 터지고
말았다 호랑이는 모두의 기대에 반응해줬다 으르렁대며
앞발도 들어 나무에 오르듯 걸쳐놓기도 하고 왔다 갔
다 하며 혀를 무한정 길게 빼 하품도 해 보인다 산 중
턱 무대 공연으로 추위까지 녹는다

　철망 속의 호랑이도 호랑이였다

금가면 도촌리

날 풀리면 그곳에 먼저 가고 싶다
신곡 들고 찾아왔을지도 모르는
새 노래 들으며 함께 노래하리
몽상가라 소리 들어도
섭섭하지 않을 상쾌함을 느끼고 싶다

그저 들어서기만 해도
자연 속에라도 온 듯 신선하다
앞다투어 말 걸어오니 친구 되어주기 바쁘다
동장군 잘 버텨냈을 알뿌리들
하늘 무거운 줄 알까 봐
허락 없이 눌러앉아 있는 잔돌들 비켜 놓는다

기도 1

듣게 하소서
산과 들녘
공중을 나는 새의 노랫소리

보게 하소서
스치는 바람 앞에서
손뼉 치는 모든 나무

말하게 하소서
보았고
들었다고

소화시키다

썩 괜찮은 날
아들과 맑게 대화 나누던 중
소화되지 않은 언어
급히 튀어나오는 걸 막지 못했다

넉넉히 소통되어야 할
너와의 대화에서 얼굴 붉혀진 후에야
틀린 것과
다른 것을
…

더디 씹히는 둔감력에서도
흡수 잘되는 밝은 소화제 보았다

봄으로 속삭이는 햇살

꽃을 보듯
너를 바라본다

수리 맡긴 카센터 앞을
서성이다
들여다보는
이름 모를 작은 풀꽃
꽃잎에 내려앉은 햇살
살가워
내 마음 먼저 수리되었다

전에도 이런 봄날 있었지

마음 무거워 낚시터에
앉아 있을 때 가슴에 내려앉은 햇살
축제를 벌이던 이파리들

네 눈에 피어나던
연둣빛 꽃 한 송이

물과 불을 담은 보석

외로움이 사치로 생각되어
눈시울 적셔지는 것조차 미안한 적 있었다

펼쳐 든 책갈피마다
구구단 구술되어
통통 퉁겨져 구르기만 할 뿐

물 한 모금 적셔지지 않음을
눈치채게 되었을 때
숨기고 싶지 않은 보석

견딤이 쥐어져 있었다

행복의 동산

내 이름은 행동이에요

주인님이 그렇게 불러요
발소리만 들려도
싸리나무 문도 없는데
활짝 문 열고 힘차게 뛰어가지요

친구들도 찾아왔어요

무조건 기뻐하는 기쁨이
들풀 하나도 예쁘다는 감사쟁이
내일 있어 좋다는 희망이
별처럼 초롱대는 비전이

주인님은
행동이 동산이라며
넉넉히
배부르게 해줍니다

축복의 동산 2

언제부터인가 내 가슴에
작은 동산 하나 품어지기 시작했다
그 싹은 나도 모르는 사이
움트기 시작하여
사랑
평안
기쁨으로 채워지는
넉넉한 샘이 되길 갈망했었다
어느덧 나의 동산 되어
지난날의 자그마한 소망들로
이런저런 내일을 바라보며
꿈을 키워나간다

물 댄 동산처럼
모두가 드나드는
기쁨의 장 되는

조용조용
뜰을 가꾸어 가며

풀꽃처럼 정감 가는
평온한 나의 동산이어라

바래지 않는 기억

수십 년을 한집에 살았지만
한결같으셨다

한복
성경과 기도
감사
걸레
눈앞에서 선명하게 연상되는 단어들이다

제일 먼저 생각나는 건 걸레다 걸레는 집안에서 제일
깨끗해야 한다고 가르치셨다 평상복 입고 있는 걸 본
기억도 없다 항상 성경 보시며 기도 생활로 어떠한 일이
든 감사로 해석하셨다 온 가족이 좋아했고 커다란 버팀
목이 돼주셨지만 내 청년 시절엔 이해 안 되기도 했지만
이제는 다 옳았다는 생각에 닮고 싶은 분이다 피아노
앞에 앉아 있을 때 살며시 들어오셔서 피아노 선생 되
라고 하실 때 싫다며 얼굴 붉혀도 보듬기만 해주셨었지
사람 좋아하시고 나눔을 실천하셨던 분 엄마도 친정어
머니보다 더 좋다시던 우리 할머니, 걸레질할 때마다 할
머니의 손이 내 손등을 덮는다

그 따스함에 등을 기대고

나는 뭘 하고 있는 거지?

거실이 온통 태양으로 가득 차 있다 이곳에만 오신 듯 하늘을 바라볼 수도 없어 눈을 뜨기는커녕 얼굴도 못 들고 등에 햇살을 업은 채 하루의 양식을 단숨에 삼킨 듯 벅차다

큰 결심으로 상 펴놓고 연필 들고 앉아 있는데 빛에 덮여 아무 생각도 못 한 채 은나노 연필의 짙은 심 B만 보인다

구름이 시기하는 사이 살짝 태양을 보며 가슴 들썩일 정도 숨을 들이쉬게 되는 건
또 뭐지?

오늘은 내가 태양을 뜨게 한 건가?

2부

온통 흔들어 놓고는

그저 길을 가라 한다

언제라도, 지금

위대한 것은 눈에 안 보이게 이뤄진다는 말도 있던데
얼마나 보이고
안 보였는지
잠시 눈감아 본다

나는 얼마나
수고하고
고립되고
인내하며 살았는가
자신의 연민에 갇혀 있었는가

털고 날지는 못해도
가볍게라도 걸어보자
뛰게 될 날이 보일 때까지
일으켜 세우는 거다

지금부터

행동* 3

혹 불어온 마음에
벌떡 일어나 행동한다

호미 꺼내 들고
헌 양산 받쳐 들고
풀부터 뽑으러
엉덩이의자 입는다

어느새
이마에 질끈 매여진 손수건
흠뻑 적셔져 몇 번이나 짜내는 사이
무작정 흐르는 땀방울
허허로웠던 마음까지
씻겨 내려갔나 보다

혹독한 무더위에
곡식 몇 단 때문일까?
꽃 몇 포기 때문일까?
불러주는 이름 때문이었을까?

* 행동: 도촌리 텃밭.

너의 시간을 찾아

손바닥 안 작은 화면에
갈등하기 싫어
하루를 훔친다

많은 시간 도둑을 맞고서야
내 시선 향할 수 있는 곳

마음과 시선 연결시켜
시간 전쟁이다

이제
생의 기지개를 켜자

나의 푸름들이여

하나이더니
셋 되고
넷이 모였네
또
또…

흙암 밟히는
담을 뛰어넘고
소망의 뜰에 모인 내 청년들
푸르구나

밤이슬에 생기 찾은 너희여
아침이면
커다란 물동이 메고 나가련다
뒷줄 서 있는 내가

바닷가에서

가족여행 중 이른 아침
살며시 모래사장으로 나왔다
갈매기도 걷고
나도 걷고
한참을 맨발로 걷다가
하늘과 바다를 만드신 분
엄마 찾듯
소리높여 불러본다

파란 하늘엔 구름 자유롭고
파도 없는 바다가 웃고 있다

하늘 모자 쓴 바다 바라보며
아침햇살 가득 담아 챙길 즈음
남편 전화벨 소리 나를 찾는다

모래사장에서의 숨바꼭질이 이런 걸까?
양산 펴서 들고
눈을 크게 떠 바라본다

가을을 담은 마음으로

문 앞 서성이다
두드리지 못하고 돌아서서
딱히 정해지지 않은
문밖 누군가를 기다린다

거울 보며
옷매무시 단정히 하고
현관에 널브러진 신발들
가지런히 정리한다

괜한 외로움에
상처받고 부서지기 쉽지만
그럼에도 누군가를
맞이할 준비한다

우리 모두
누군가의 아픔이고 위로임을
잘 알고 있기에…

시골길

그곳의
짙은 풀잎의 흔들림이
나를 곁눈질하게 한다

연분홍 발그레한 싸리꽃이
나의 마음을 간지럽히기도 한다

당당한 푸르름으로
벅차오르는 가슴을 품게도 한다

알록달록 단풍 들 때면
내게 고운 의상
차려입어 보게도 한다

순백색
먼 미지의 황홀경까지

나의 마음을
온통 흔들어 놓고는
그저 길을 가라 한다

먼 길 함께 가는 친구

때로
산다는 의미를 찾으려
사색에 잠길 때

살며시 곁에 다가와
추억 속 아지랑이
피어오르게 한다

가능의 범위

동인지 글 미제출자인
나는 교육장 앞에서 한참을 미소 짓는다

내게 가능은
안 되는 거였는데
오늘 중?

내게 향해진 시선을
저울질해 본다
가능하시면!

마음 문부터
열기로 해 본다
오늘 중이란 글이 웃는다

마중물

가슴 설렌다

마중물 한 바가지 들고
녹슨 펌프질하듯
힘써 퍼올리러 나선다

흙 내음 맡으며
풀꽃 향기 바르고
반기는 새 소리엔
주저 없이 덩달아
노래한다

물 한 그릇 나누고파
모종 사 들고
땀 흘리러 가는 날엔
내 주인님 성품 그대로
배워진다

말하게 하고
움직이게 하는 거기

나는 그곳을 행동이라
부른다

빈말의 힘

이른 아침 서둘러 미장원에 갔다
"피부가 좋네요"
먼저 온 사람이 건네는 덕담에
겁이 많아 볼에 있는 점도 못 빼는
얼굴이 화끈거렸다

"피부가 좋네요"가
환청처럼 보글보글 바닥에 굴러다녔다

바닥에 비친 주름이 줄어들었다
파마를 해야 하는데
머리카락이 쭈뼛

거울 속에
피부 좋은 여자가
짐짓 점잔을 빼고 있다

자동문

어서 오세요
내가 할 수 있는 일은
당신을 기다리는 것입니다

어둠을 털고
나를 원할 때
나를 열어주는 것입니다

모차르트 피아노 소나타에
발장단을 맞추고 고개를 끄덕이다 또
커피 한 모금
늘 그렇게 왔다
그렇게 가는 당신

일어나세요 이제
나를 닫을 시간입니다

있는 그대로

생각지도 않았는데
바람막이 하나 세우지도
못했었는데
몰아닥치는 풍랑에
앉지도 서지도 못한 채
일렁이며 철썩이는
파도에
몇 번인가를
덮이고는……

뒤척이다 잠든 사이
아침 햇살 일찍도 찾아와
찌푸려진 양미간 펴준다

온종일 떠나지 않는 생각
풍랑의 이유도
풍랑의 유익도

오직 바라기는
세찬 바람 타고

오르고 싶다
독수리처럼

나다

어릴 적
아버지 등에 업혀
새벽어둠 가르며
의원 가던 날 있었다
얼마나 빠르게 뛰시던지
아픈 것보다
등에서 떨어질 것 같기만
했던 나

언제나 변함없이
뒤로 앞으로
내밀어주신 크신 두 손
지금까지도 큰 산이 되어
생각만 해도 온기로 가득
채워주십니다

전화 첫 마디가 언제나
나다, 라시던
나의 아버지

일으켜 세우는 기도

살아가다 보면
이런저런 모양으로 마음에 들지 않아
버거울 때
아이처럼 심통이나 뾰로통
옆으로 누워 있다 보면
마음속 깊은 곳에서 눈물로
고백 되어질 때 있다
기도라기보다 절대자에게 기대는
응석이란 생각도 들지만
가장 솔직한 기도의 시작이기도 하다
그러다 보면 어느 사이 벌떡 일어나
무릎 꿇고 앉아
기도하게 된다 웃기도 울기도 하며
낮아진 나는 결국
그런 일들까지도 감사하게 되며
자유로워진다

숨

나는 오늘, 숨을 보러 간다

언제나 책 한 권쯤 들어 있는 가방
어깨에 걸치고 집을 나선다
공기를 염려하지 않아도
고맙게도 하늘을 향하게 된다

"아원" 그곳은 또 다른 숨이다
펼쳐진 책 속 한 줄 보석
들키고 싶지 않은 한 방울 진주
때론 오지랖 넓은 기도

비에 젖어 있는 산과 골짜기
아원에서 내일을 짓는다

겨울비

막차 타고 겨울비가 내린다

빗방울은
왕관을 썼다 벗었다 하며
지난날들에도 왕관을 씌워준다

미소 부자 됐다

3부

누가 적셔 놓은 건지
잊히지 않는 따뜻한 향

동백나무와 마주쳤습니다

문 앞을 지키고 있던 자그마한 동백
가지 사이 봉긋 올라온 작은 망울
꽃을 기대하는 내 시선
온통 빼앗았다

한동안 그게 그날
변함없는 그 모습에
키 맞추어 앉아 보았다

알 수 없는 침묵 사이
눈물이 핑 돌았다
네가 그랬었구나

홀로 견디기 힘든 아픔
나의 무관심이었다
한 잎 한 잎 닦아준다

내 안에도
움틀거리며 자리 잡은 망울
하늘 바라보며
움틈을 시작한다

순수를 기다리는 고백

눈 뜨면
감사합니다로
하루 열지만
세상 여정 지나며
내 터널만 어둡지 않나
길지는 않은지
불평하기도 합니다

내일 본향 집 가게 된다면
후회하지 않을까
생각해 봅니다
순간 주님께 내 마음
모두 빼앗기고 싶습니다

주님 잡아준 손
내가 뿌리치지는 않았는지
없는 것에만 눈이 밝아지지 않았는지

둥지 속 아기 새 되어
온갖 힘 다해 입 벌려
말씀 받아먹습니다

언제나 나를 이끄시는 하나님
촉촉이 적셔지는 맘으로
주님께 향합니다

작은 것 찾으니
큰 것도 보입니다
그저 울어버렸더니
미소도 보입니다
감사 마음 정했더니
오늘도 평안합니다
주님께서 내 맘
아시면 난 만족합니다

나의 소망과 피난처는
오직 예수님이십니다

간곡한 통증

반갑지 않게
허리 디스크가 다급히 찾아들었다
쉬고 싶지 않은 나를 눕혀놓고는
마음까지 먹먹하게
희미해진 채
나를 찾게 한다

성숙하지 못했던 내 모습 찾아지고
되돌릴 수 없는 부끄럼에
양미간까지 힘주어 꾹 눈을 감고는
서둘러 날숨 뱉어낸다

한의사 손에 들린 침 보며
내면의 소리 흔들림 없이

나는
중심축 세우려고 온 힘을 뺀다

호암지

하루에도 두어 번씩
내려다보며

가끔은 날아 보기도 한다

이른 아침
두 팔 흔들며
발까지 강제로 복종시킨다
평온히 노니는 오리 가족
따라가 볼까

물안개 업혀
해님 맞으러 날아올라 볼까
끌려 나왔던 발도
경쾌하게 춤을 춘다

내게
새 일상 펼쳐준다

들깨 자르던 날

가을 햇살이 발등에
내려앉는다

파란 하늘에 푹 빠져
축제 마당에 들어서서 춤춘다

노랗게 물든 들깨
한 아름씩 옆에 뉘어놓고
성숙된 마음 되받았다

그저
자고
일어나
하늘 보는 중

튼실한 깨송이
주인 보이려
앞다투어 줄을 선 듯하다

배시시 웃음 나와
사진 한 컷 찍어준다

내가 한 편의 시라면

써 내려갈 수 있는
여백 있음에
안도의 들숨 크게
들이마셔 본다

여기까지 써져 온
수많은 연들
퇴고하지 않아도 되었을까?

그분께 보여 드려야 되는 날
미소 지으시게 할 수 있을지
다시 옷깃 여민다

오늘은 백지 위에
펜을 잡고 싶어진다

행복한 사람 1

당신이 있어 행복합니다

언제라도 귀 기울여 주시며
미소로 화답하고
오르막길 오를 때
내민 손 잡아주심에
그대 향한 속내
곱게 꽃 피우려
사랑의 이파리 무성해집니다

가꾸어진 넉넉한 마음밭 향하여
싱그러운 숲길 들어갈 때
피리 불어주는 당신께
부를 노래 있어
언제나 행복한 사람입니다

구름방석

눈부신 하얀
구름 위에 앉아 있다

유아 시절 내 마음
사로잡은
투명하기까지 한
환상적 구름 풍경이다

때론 그곳에서
여러 일 바라본다

가슴 아릴 정도
생각하고 고뇌해도
그저 조그마한 조각일 뿐

포근히 안기어
거니는 사이
흩어진 퍼즐 맞춰진다

피고 지는 인연을 바라보며

쉽게 관계 지으려
하지 않는다

피하려는 이들
맺으려는 무리
세상과 끈끈한
사이 아니어도

할머니의 칸나
엄마의 찔레꽃
내 코스모스
누가 적셔 놓은 건지
잊히지 않는 따뜻한 향

수많은 만남들

내 안의 나
흡족한 관계인지?

그 친구

언제나 싱그러운 들판

온다는 말에
옛 추억 속을 스멀대는 그림자

지난날 젊음으로 또 다른 나를 찾았다

가는 곳마다 놀이동산
눈만 마주쳐도
웃음보따리 터트려진다

발그레 익어가는
복숭아 따 먹을 땐 자주 만나
약속도 하였지

큰 울타리 지키느라
넓은 마음
높은 웃음
힘써 간직한 넉넉함

약속해야 만날 수 있는
맛 내는 그리운 친구여

축가 부르러 가던 날

발걸음 경쾌하다

여느 날과 달리
아들 손에 든 셔츠 넥타이 슈트
대접받으며 소파 위 앉혀진다
구두까지 빛 발하며 등장한다

헤어드라이어 요란하게
가려진 이마 드러내며
잘생긴 얼굴 찾아낸다

덩달아 분주해진 내게서
결혼식 피아노
쳐주러 가던 그때 보였다

숨겨진 사진 한 장 찾은 듯
작은 일렁임에
곧게 허리 펴고 앉는다

가뿐히 문 나서는 뒷모습
전주에 맞춰진 몸 장단

경쾌한 발걸음
이미 축가는 불리고 있었다

온몸으로 부르는 노래
나도 마음 얹어
손발 우렁차다

아원의 어느 날

채워지는 기쁨
날마다 더해진다
사랑의 마음
자신과의 만남

기쁨의 송이
하나씩 꺼내기 시작한다
나도 축복의 마음
살며시 꺼내 든다

이런저런
진지함까지도
멋스럽고 아름다워
모두가 화사하다

생기
활력
꿈과 희망
삶의 조각들이

예쁘게 맞춰지는 듯하다

향기 날려진 아원
사랑하는 자
사랑스러운 자 되어
아름다운 열매 먹는다

소박한 퇴임

당신은 크십니다
목표와 쉼터를 향하여
수십 년을 한결같이
성실하게 완주하셨습니다

당신은 아름답습니다
예고 없이 닥쳐온 바람도
속마음까지 적셔오는 큰 빗물도
또한 따사한 햇살까지도
묵묵히 품고 함께하셨습니다

당신은 나를 성장시킵니다
대문 앞에서 마주친 내게
환한 미소와 함께 꽃다발 쥐여주며
수고 많았다며 고맙다고 합니다

늦은 귀갓길

오늘 출근길은 유달리 기뻤다
맑게 비춰주는 햇살 때문일까?
일터 가는 길이 소풍 가듯 행복했다

그 패기와 열정은 어디 가고
퇴근하는 지금
마음 또한 가볍지 않다
걸어서 집에 가기로 마음 잡고
아무 생각 없이 한참을 걸었다

어느덧 변화가 일고 있었다
한 발 한 발 내딛는 발밑 블록들로
감사의 징검다리라도 놓은 듯
기쁨이 쌓여진다

반길 가족
지인이 양념 묻혀 왔다는 장아찌도
내 손에 들려 있다
하나, 둘 기쁨들이 생각난다
이 또한 감사다
장아찌 얹어 저녁밥 먹을 생각에
더욱 기뻐지는가 보다

내 오랜 사람아

넉넉한 추석 연휴
아들과 동행하여
행복한 여행길로 떠나게 되기까지
친구의 영향이 컸다
마음 다 털어놓아도
부끄럽지 않고
생각할수록 만날수록
멀어지고 싶지 않은
그저 놓고 싶지 않은 만남의 기쁨들

그런 친구이기에
더욱 절제하고 싶은가 보다
우정만큼이나
배려하고 아껴주는 모습
그 속내들이 아름답다

기다려 준 그대에게

당신의 품은 뜻 모를 때
내 생각대로 평가했을 때
그저 이기적이라 하겠지요
당신이 나를 안다고 했을 때
내 속엔 오해가 싹 트기도 했지요
나와는 다른 평가를 받았다 생각했지요
때로는
서로가 다른 생각으로 바라보았고
다른 각도로 측정하였지요
시간을 채운 대화보다
쉽고 빠른 생각들이
다른 것을 틀리게 느끼게도 하였지요
나는 귀 기울입니다
지그시 눈도 감아봅니다
당신이 보일 때까지…

4부

흩어진 시간들을 모아
푸르른 하늘에 새기고

빗방울의 팔랑임

마당 끝 조그마한 텃밭에
속살 파란 검정콩 몇 알 심은 것이
토마토 파프리카 몇 포기와 함께 귀한 화초 되어
늦은 봄비 만나는 날

유아 때 보았던
왕관 쓴 빗방울

오늘은
살그락거리며
콩잎 위 내려앉고
팔랑임 빗방울 되어
막혔던 내 마음에도
단물 흐르게 한다

말하지 않아도
가슴으로 파고들어
일렁이는 바람
잠재우고
새순 틔워주며 잠잠하게 한다

코스모스 1

무척이나 코스모스를 좋아한다
유년 시절부터 그랬었다
여리디여린 연분홍빛
유난히도 강직해 보이는 자줏빛
내 맘 얹혀 놓고픈 눈부시도록 하얀 꽃잎
여럿이 어우러져 방글방글 웃어대는 환한 미소

높아진 파란 하늘 올려다보려면
키를 키워야 되는지

가느다란 이파리 치켜세울 때
작은 실바람이라도 불어오면
춤사위 펼치며 축제마당 벌인다
망설임 없이 나는
고개 숙여 향내 맡으며
초대받은 자답게 함께 기뻐했다

언제부턴가
그리움 간직할 필요 없이
아련히 날 이끌어
곁에 머물게 했다

늘 곁에서 중심을 잡는 내 사람 되어
때로는 파란 하늘 되기도
또한 가시가 되고
꽃길이 되어
내 삶에 축제 열어 함께한다

감꽃 목걸이

그 시절 감꽃은
내게 꽃이 아니었고 진주 구슬이었다

나 어릴 적 유년 시절
깊은 산세는 아니어도
나지막이 내려앉는 듯한 산자락 밑
건너편엔 작은 저수지도 있었지만
내 기억엔
앞마당의 커다란 감나무뿐

세차게 바람이라도 한번 지나간 날엔
뽀얀 구슬밭에서
다투어 그 어린 고사리손에 잡히려
앞서는 듯하였다

곱게 꿰어
자랑스럽게 목에 걸고 다니며
하나씩 빼서 인심도 쓰고
입에 들어가기도 했던
어린 시절
〈

학교 들어갈 즈음
고향 떠난 후로는
걸 수 없는 그리움

반갑지 않은 만남

내 허락도 없이
아련히 찾아들어
마음 흐려 놓고는
안녕을 고하는가

소리 내어 부르지도
마음 문 열고 기다린 적도
보고프다 생각조차 하지 않았는데
어느 틈에
남겨 둔 흔적

비 갠 후 잠자리 무리 지어
행방 정하지 못하고
빙빙 돌기만 하듯
분주한 일상 속

무수한 상념들
땀 이슬 맺히도록
지우고 또 지우고
고개 들어 하늘빛 바라본다

그러고 싶을 때의 욕심

채워지지 않은 날
얼마나 탓하였는지

담고 담기면 좋았을 것을
담기고 담아도 괜찮았을 것을

담고 싶을 때가 같고
담기고 싶을 때가 같았으니

생각해 보면
다 내 탓이었습니다

코스모스 2

아침 하늘 유난히 파란 날
나도 덩달아 높아진다
마음 붙잡고 놓아주질 않는다

코스모스 꽃길 따라
호미 들고 나선다
꽃모종 하듯 심었던
고구마 캐러

그해
엄마와 이 꽃에 파묻혀
얼마나 웃었던가
참지 못하는 웃는 얼굴 바라보며

흙 속 고구마
발갛게 보일 때
기쁨과 그리움도
내 곁에 함께 앉아 있다

내가 심은 고구마
캐보고 싶으시다던

엄마

자주 뒤돌아보게 된다
따가운 햇볕에 덮인 코스모스가
환히 웃어줘서

밤낚시

당신은 낚시 가방을
나는 마음의 가방을
꾸립니다

힘겨웠던 하루해가
산들성에 기댈 즈음
어둠을 맞을 준비와 함께
가방을 풉니다

세상사 모든 일을
낚싯줄에 이어 물 위에 띄워
아름답고 슬픈 무늬까지도
흐르게 합니다

하얀 마음으로
하늘을 올려다보고
당신이 세어 보았던 별
내가 꿈꾸었던 별을
우리 둘은
헤고 또 헤어 봅니다
〈

밤이슬로 지새운 하얀 밤
아침 햇살이 살포시 다가와
속삭여줄 때
당신은 아름다운 세월을
낚았다고
나도…

금릉동산 언덕

타지 생활 낯가리어
외로움 스며들 때
아들 녀석 등에 업고
거닐던 곳

건너편
남한강 물줄기에
한시름 띄워 놓고
혼잣말로 흥얼거려 보며
등에 업힌 아이에게
재미난 이야기도 들려준다

까르르
함박꽃 피우며 좋아하는 아들
내일도 또
새끼손가락 걸자며 등에서 보채기도
어느새 아이와 하나 된 나

강물은
그 자리에서

그저 파랗게
내 마음도 파랗게 물들었나 보다

새벽기도 1

내겐
새벽기도 가기 위해
가슴 벅차 잠 못 이룬 적 있습니다

고난 중
나의 길 보이지 않아 눈물 흘리고 있을 때
침묵하신다고 생각했던 그분
새벽을 통해 날 만나고 싶으셨나 봅니다

나 잘난 멋에
내 주인님 보이지 않게 뒤에 숨겨놓고
장미꽃에만 도취된 나에게
가시를 통해 큰 감사의 축복 예비하셨던 주님

그분께 향한 마음으로
나는 어둠을 깨우며 새벽에
도우시는 하나님을 뵈러 갑니다

그분은 벌써 나를 기다리고 계셨습니다
그저 품 안에 안기면 되도록
내 마음 조금 열고 간 날도

큰 문 열어주십니다

은혜의 빗줄기 내 몸 적시어
회개의 강에 발 디디게 하심에
가진 것 눈물의 기도뿐

새벽을 통해
기쁨 평안
또한 주시는 능력

부족한 나에게
주님 기쁘게 할 수 있는 은혜 바라며
내일의 새벽을 기다립니다

한식날

고향의 선산에 가기로 한 날
정오의 따스한 햇살에
내 맘 달래보지만
여전히 분주하고 어수선합니다

진국이라시던 사위 시켜
날 데려오라 하셨는지요
몇 날 전부터 찾아봬야 한다며
서둘러댑니다
아무 말씀 없이
믿음만 남겨 둔 채 떠나신 날
의미 없이 채워진 조각들로
백일이란 숫자 채워졌습니다

생살 도려내듯
시린 마음 되어 보고 싶을 때도
사진 보는 것조차 죄스러운 마음 일어
가슴에 온통 멍이 들었습니다

아버지!
진달래 꺾어

뜨거운 진주장식으로 편지 써놓았습니다
난데없이 건실한 잿빛 노루 한 마리
새길 건너편 산으로 힘차게 뛰어오릅니다

우린
세모 네모
삐죽 일그러진 모습으로 왔다가
둥그런 둥~그런
사랑의 웃음 보여주시어
아버지 큰 뜻 가슴에 품고
단단히 여미어 갑니다

푸른 바다에 안겨

곁에 다가서면
언제나 새롭다

그 사랑에 빠져
춤추게 하며

기쁨으로
웃음으로 오게도 한다

친구 되어주며
마음까지도 안아주는

나도 안고 싶은
당신은 님이십니다

논산훈련소 가던 날

내게
여행 가듯 평안함 보이려 하지만
연병장 들어설 때의 다급한 아쉬움
여러 마음 교차되는 것도 잠시
집합되어지는 소중한 아들들
유난히 커 보이던 너
그날 더위는 앙큼했지만
눈물 덮어주는 친절함은 다행이었지

아려오는 마음
하얗게 부서져 내리고 있었다
소리 없는 폭포처럼

너를 뒤로하고 돌아서는
작아진 내 모습
도로변 풀잎 하나 흔들려 보이지 않았다

장하다
나라의 부름 받은 아들들아

새벽기도 2

무거운 몸 이끌며 새벽 성정 찾아
허기진 마음으로
하늘 양식 기다립니다

기우뚱
한 발짝씩 주님께 나아온 내게
늘상 커다란 손 내미시며 잡으라 하십니다

나보다 내 마음 더 헤아려 주시는 주님
감사의 마음으로
눈물방울
따뜻한 양식되어 쌓입니다

성전 문 나서는 나에게
해맑은 낮달 보내 주시어
고개 들고 감히 십자가 올려다보니
예수님의 뜨거운 사랑으로
부끄러운 마음
따뜻해져 내려옵니다

성전 뜨락에 우뚝 서 늘 푸르름 지키는 소나무

주차장 옆 정원 같은 작은 동산의 모임
이름 모를 여러 새까지도 둘러 모여
새벽을 깨워준 주님께
감사의 찬양 올려드립니다

날마다 새로워지는 새벽을 통해
내게 원하는 것보다
주님이 원하는 삶으로 이끌려지기를 소망합니다

밤 몇 알의 추억

실눈 비비며
등굣길에 나서는
아들 녀석 손에
밤
서너 알을
살포시 쥐여 준다

열다섯 나이
갖고 싶은 무지갯빛 모양새들
창 너머 나뭇가지 위에 걸어 놓고
미지의 세계 도전을 향해
학업 무게와 시소게임을 한다

때로는 힘겨움에
반항과 무언의 투정을 해보고
사춘기라는 이유만으로
이해받기를 원한다

그런 널 보면
조급한 마음 일지만
새 아침 책가방 챙길 때면

엄마 사랑 전해 줄
밤을 까기 시작한다

아작아작
정다운 이야기 소리에
깨지 못한 잠 날개 달고
경쾌한 장단 맞추는
발걸음의 희망 소리 들려온다

가방 속 한 알의 사과

가방 속
잠에서 깨어나는
네 모습은 지쳐 있었지만
빛나고
홍조 띤 얼굴로
나를 반가이 맞아 주었다

가본 적 없는
충주 소식 안기려
가방 속 책들과 벗하여
낯선 산과 들을 지나
소리 없이
날 찾아준 너

여의도 둔치에 앉아 있는
우리 둘
틈새에 끼어
강물 소리도
둘만의 이야기도
다 엿들은 넌
〈

꿈으로 엮은
노래가 되어
우리의 가슴에
메아리로
향기로
전해주고 있다

가을에 나는

가슴 가르는
외로움을 느낄 때
노오란 은행잎이 되었다

힘겨운 일로
울고 싶을 때
빠알간 단풍잎 되었고

하늘 향해
웃고 싶을 때
코스모스 꽃잎 되어
하늘거린다

휑하니
지나간
흩어진 시간들을 모아
푸르른 하늘에 새기고

내일 위한
가을 축제를
산에서 들에서 벌인다

마음뿐인 것이 이뿐일까

새날
아침
연필을 잡아 보지만
생각은 공중을 난다

앞을 보면
가고 싶고
뒤에서는
옷자락이 무겁다

아이들 손잡고
들녘에 나가
하하 호호
맘껏
기지개나 켜 볼까

이 또한
마음뿐인
나

그곳은 또 다른 숨
- 헌신의 시학과 적요의 미학

한용국(시인)

전봉수의 시집『그곳은 또 다른 숨』은 옥타비오 파스가 말한바, "종교와 시를 통해 스스로를 완성하고자 노력하며 또한 스스로의 고유한 모습을 실현하는 가능성을 성취하고자 끊임없이 시도"하고자 노력하는 과정의 일환이라고 할 수 있을 것 같다. 다시 파스의 견해를 빌리자면, 종교 경험과 시 경험이 타자성을 포용하려는 시도이며, 특히 시 경험을 그 포용을 위한 '치명적 도약'이라고 할 때, 그 결과는 본성을 바꾸는 것, 곧 근원적인 본성으로 되돌아가는 것으로 귀결된다. 세속적이고 진부한 삶에서 갑자기 우리의 존재가 자신의 잃어버린 정체성을 기억해 내는 것, 우리 자신으로서의 그 '타자'를 소환하는 것이다. 이 과정은 종교와 시에서 일종의 계시적인 순간으로 현현하는데, 둘의 언어는 근본적으로 다르다. 종교의 언어가 신의 현현과 제식(기도문, 주문, 찬가 등)으로 신비를 드러낸다면 시의 언어는 리듬과 이미지로 계시의 순간을 현현하기 때문이다.

이렇게 볼 때, 시는 그 계시의 순간에 대한 종교적 해석이 아니라 그 순간의 드러냄, 즉 시적 형식으로서의 드러냄을 목표로 한다. 그 드러냄을 일종의 시적 행동이라고 한다면, 행동 그 자체가 시의 존재 기반이자, 존재를 존재로서 드러내는 계기인 것이다. 그러므로 시는 계시의 순간을 끝없이 개진하는 행위로 드러난다. 그렇다면 시라는 행동을 통한 존재의 개진이 종교, 특히 일종의 종교적 헌신의 행동과 행복하게 합치되는 일은 가능한 것일까. 전봉수의 시집『그곳은 또 다른 숨』은 그 합치의 순간을 향해 한 존재가 묵묵히 나아가는 인내와 성찰의 시간을 간결한 리듬과 정밀한 이미지를 통해 형상화하고 있다. 그 시간을 헌신을 향한 인내와 성찰의 서정이라고 명명하는 것도 가능할 것이다. 그 속에서 시인은 자신의 내밀의 삶의 여정을 드러내면서도 정서적 과잉에 빠지지 않는 고전주의적 절제의 시학을 펼쳐내고 있다.

나는 오늘, 숨을 보러 간다

언제나 책 한 권쯤 들어 있는 가방

어깨에 걸치고 집을 나선다

공기를 염려하지 않아도

고맙게도 하늘을 향하게 된다

"아원" 그곳은 또 다른 숨이다

펼쳐진 책 속 한 줄 보석

들키고 싶지 않은 한 방울 진주

때론 오지랖 넓은 기도

비에 젖어 있는 산과 골짜기

아원에서 내일을 짓는다

- 「숨」 전문

   숨을 들이쉬고 내쉬는 행위를 통해 몸은 생존을 유지한다. 그것은 존재에게 원초적으로 부여된 자동적이며 즉자적인 생물학적 순환의 행위에 해당한다. 몸과 세계 사이의 부단한 순환이 호흡이라는 자연스러운 행위를 통해 이루어지는 것이다. 호흡과 관련하여 우리의 몸에 대해 다시 한 번 생각해 볼 수 있을 것 같다. 몸을 가리키는 다른 용어로 신체 또는 육체라는 단어를 사용한다. 둘 다 몸을 가리키는 유의어이지만 맥락상으로는 다르게 구별할 수 있다. 흔히 신체를 인간의 존재조건으로서의 물리적 구조를 가리킨다면, 육체는 신체를 포함한 감정이나 영혼 등의 비물질적 요소까지 아우르는 개념으로 사용된다. 그렇다면 문제는 신체가 아니라 육체인 것이다. 신체는 물리적 구조에 장애가 생기지 않는 한 호흡에 장애를 일으키는 일은 발생하지 않는다. 하지만 육체의 경우는 다르다. 신체적으로는 장애가 없는데 실제로 호흡의 장애를 감각하는 경우가 발생한다. 그것의 원인은 무엇일까. 바로 육체가 욕망하는 육체로 존재하기 때문이다. 문제는 그 욕망의 근대성이다. 사람이 아니라 자본으로 향하는 욕망, 오로지 권력투쟁의 장에서의 성취를 지향하는 욕망, 그 속에서 이성과 타자를 도구화하기에 혈안이 되어 버린 욕망은 육체에게 주인이 아닌 노예의 삶이라는 멍에를 지워놓은 것이다. 그 속에서 호흡은 정상적으로 기능하지 못한다. 그것은 순환의 호흡이 아니라, 억압하는 호흡이다. 들이쉬는 숨은 과다하지만, 내쉬는 숨은 미약하기 때문이다.

시집의 제목을 품고 있는 시 「숨」은 바로 근대적 욕망으로 인해 억압된 육체의 호흡, '숨'을 공간적으로 전경화하면서 시집 속에 드러나는 시인의 지향점이 무엇인지를 드러내는 단초를 보여주고 있다. 첫째, 우리의 삶에서 정상적인 숨이란 과연 가능한 행위일 수 있느냐는 질문이 시집의 배후를 형성하고 있다는 것, 둘째, 이를 근거로 시인 혹은 시적 주체가 억압된 숨의 회복을 위해 선택한 삶의 지향은 무엇인가를 읽어낼 수 있어야 한다는 것이다. 이를 위해 이 시에서 '숨'이 전경화되어 작동하는 과정을 살펴볼 필요가 있을 것 같다.

우선 시적 주체는 '숨'을 "보러 간다"고 말함으로써 숨을 대상화한다. 이는 숨을 객관화하는 장치로 기능한다. 자신의 숨을 성찰함으로써, 일상 속에서 근대적 욕망의 노예로서 살아온 숨, 혹은 삶의 자동적 진행을 멈추는 것이 먼저 가능해지는 것이다. 그렇다면 정상적인 숨, 혹은 삶이 가능한 장소는 어디에 있는가. 시에 따르면 그곳은 "아원"이다. 구체적인 위치가 명시되어 있지는 않지만 추측해 보자면, "비에 젖어 있는 산과 골짜기"라는 구절로 보아, 도시가 아닌 자연 속에 마련되어 있는 공간임은 어렵지 않게 알 수 있다. 그 아원은 시적 주체에게 "또 다른 숨"이다. "아원"에서의 '숨'은 자연스러운 숨이자, 객관화 또는 성찰이 필요 없는 숨이기 때문일 것이다. 가볍게 도식화해 본다면, "아원"은 시적 주체로 하여금 '숨'의 '객관화 - 성찰 - 재합일'을 가능하게 하는 공간으로 작동한다. 하지만 이 도식에서 '성찰 - 재합일'은 가볍거나 비약적이지 않다는 점에 주목해야 한다. 시의 세 번째 연을 살펴보자. "펼쳐진 책 속의 한 줄 보석/들키고 싶지 않은 한 방울 진주/때론 오지랖 넓은 기도"

이 세 가지 행동은 각각 '지적 삶의 추구, 내면에 대한 솔직한 응시, 타자 지향적 삶의 염원'으로 개념화할 수 있을 텐데, 이 세 가지 삶이 아마도 부단히 '성찰'과 '재합일' 사이를 채우는 토양이 되고 있음을 알 수 있다. 이 세 가지 삶의 형식은 그러므로 시집 전체를 관통하는 시적 주체 혹은 시인의 삶의 궤적이자 지향점에 해당하는 것이다.

등대 하나 테이블에 앉아 있다

등대는 언제나 먼 곳
또 다른 등대 곁에 기대서고 싶다
아름다운 등대 찾아
삶의 물결 잠재우러 바다를 찾기도 한다
때론 성난 폭풍에
드센 파도에도
의연히 버티고 있는 등대 보며
멀리도 아닌
가깝지도 않은 그곳에 마음 뺏기며
시선 집중하던 중

저녁노을 기울어져

어둠에 내려앉을 즈음에

긴 포근한 불빛

온몸에 파고든다

오늘은 길 밝힐 등대 하나 사 왔다

　　　　　　　- 「저 먼 불빛은 누구의 등대일까」 전문

　시 '숨'에서 보여준 이 '객관화 - 재합일'의 구조는 그
렇다면 아원 외의 일상에는 불가능한 것일까. 결론부터
말하자면 그렇지 않다는 것을 위의 시는 보여주고 있다.
시 '숨'의 구조는 이 시집과 시적 주체의 삶에 배후적 구
조로 작용하고 있기 때문이다. 시적 주체는 일상에서도
자신의 삶이 근대적 욕망 속에 무의식적으로 매몰되지
않도록 "또 다른 숨"이 작동할 수 있는 표상을 성찰의
계기로서 정위하고 있음을 위의 시는 보여주고 있다.
　시적 주체는 "등대" 정확하게 말하면 "등대 모형"을 사
와서 테이블 위에 얹어 놓고 바라보고 있다. "등대"는 밤
바다의 어둠 속에서 배들이 길을 잃지 않도록 도와주
는 항로표지에 해당하는 건축물이다. 일상적으로 등대
와 관련된 사물로 등장하는 것은 배다. 하지만 이 시에
서는 등대와 등대가 서로의 시적 연관으로 등장하고 있

음을 볼 수 있다. 그렇다면 배경으로서의 바다는 어디인가. 그 장소는 바로 우리가 일상을 영위하는 삶의 현장임을 알 수 있다. 등대가 먼 곳의 등대를 찾아 기대서고 싶은 마음은 바로 '숨'을 바르게 쉬고 살고 싶은 사람, 근대적 욕망에 매몰된 일상의 숨의 억압성을 알아버린 사람이 찾는 또 다른 '숨'의 마음이라고 할 수 있는 것이다. 그 마음들에 "저녁노을 기울어져/어둠에 내려앉을 즈음"까지 오래 집중하는 동안 "온몸에 파고"드는 것이 있다. "바로 긴 포근한 불빛"이다. 이 시에서도 앞의 시 「숨」에서와 마찬가지로 숨어 있는 사유가 존재한다. 등대가 등대를 찾는 마음은 다시 말하면 등대가 등대를 생각하는 마음이고, 그것은 어쩌면 시적 주체의 성찰에서 타자에 대한 발견으로 이어지는 마음으로 생각해 볼 수 있다. 즉 나 홀로 깨어있는 것이 아니라, 캄캄한 바다 어딘가에는 깨어있는 누군가가 또 존재할 것이라는 믿음이며, 억압된 숨으로 괴로워하고 있는 또 다른 존재에 대한 연민이다. 그러니 등대들 사이의 시공간적 거리는 문제가 되지 않는다. 동시에 존재한다는 시간적 등치성은 공간적 거리를 무화해 버린다. 외따로 떨어져 있어도 함께 있는 것과 마찬가지일 것이므로. 아니 좀 더 정확하게는 등대가 아니라 빛으로 이어져 있으므로. 결론적으로 서로가 서로에게 '등대'인 삶이 건강한 삶이라는 전언을 시적 주체는 작은 테이블 위에, 동시에 드넓은 바다, 나아가 우리의 삶의 공간에 비추고 있는 것이다. 그러니까 조금 바꿔 읽는 것도 가능하지 않을까. "오늘은 길 밝힐 등대 하나 사 왔다"를 "오늘은 길 밝힐 숨 하나 사 왔다"로. 이렇게 볼 때, 시적 주체의 일상에서의 성찰은 단지 자신의 삶에 대한 성찰에 그치는 것이 아님을 알 수 있다. 중요한 것은 성찰 그 자체를 계기화하는 것이고, 타자를 향한 연민과 공감 나아가 사랑에로 확장될 수 있는 것이어야 하는 것이다.

문 앞을 지키고 있던 자그마한 동백

가지 사이 봉긋 올라온 작은 망울

꽃을 기대하는 내 시선

온통 빼앗았다

한동안 그게 그날

변함없는 그 모습에

키 맞추어 앉아 보았다

알 수 없는 침묵 사이

눈물이 핑 돌았다

네가 그랬었구나

〈

홀로 견디기 힘든 아픔

나의 무관심이었다

한 잎 한 잎 닦아준다

내 안에도

움틀거리며 자리 잡은 망울

하늘 바라보며

움틈을 시작한다

- 「동백나무와 마주쳤습니다」 전문

　　연민과 공감 그리고 사랑의 외연은 공유되는 부분이 많아 분명하게 규정하기는 어렵다. 타자에 대한 연민과 사랑이 바탕이 될 때, 참된 의미의 공감이 가능해진다고 말할 수는 있지 않을까. 타인을 인격적으로 존중하고 주체와 동일한 가치를 지닌 존재로 파악할 때, 공감은 시작된다. 막스 쉘러에 따르면 참된 공감이란 타인의 본성과 실존 그리고 그의 개별성을, 더불어 괴로워함과 더불어 즐거워함의 대상으로 같이 삼는 데서 가능한 것이다. 그리고 그 공감의 참됨이란 의지적이고 자발적인 동기가 수반되어야 하며 그것을 가능하게 하는 것은 바로 사랑이다. 그리고 사랑에 기반한 공감은 상호주관적인 심리적 태도에 그치는 것이 아니라, 윤리적 행위를 가능하게 하는 것이어야 한다. 윤리적 행위의 본질적 성격에 대해서는 심도 깊은 논의가 필요하겠지만, 위의 시 「동백나무와 마주쳤습니다」에서 작게나마 그 단초를 살펴볼수 있을 것 같다.

이 시의 대상은 문 앞을 지키고 있던 동백나무다. 시적 주체는 동백나무 가지 사이 봉긋 올라온 작은 망울들을 보며 "꽃을 기대하"고 있다. 얼핏 보기에는 동백을 대하는 일상적인 시선이지만, 여기에는 숨어 있는 의미항이 존재하고 있다. 우선 주목해야 할 것은 시적 주체의 위치다. "자그마한"이라는 시어에서 파악되듯 시적 주체는 동백나무를 위에서 내려다보고 있다. 다시 살펴야 할 것은 "꽃을 기대하는" 시선이다. 이 시선은 적어도 일종의 효율성에 대한 기대의 시선이다. 즉 동백나무가 중요한 것이 아니라, 꽃을 피우는 동백나무가 중요한 것이다. 그러므로 시적 주체의 위치와 시선은 철저하게 주체중심적인, 욕망중심적인 근대적 시선임을 알 수 있다. 즉주체가 우월한 위치에서 대상에게 무언가를 요구하는 시선인 것이다. "빼앗았다"는 겉으로 드러나기에는 동백이 주체인 듯하지만, 사실상 철저하게 시적 주체가 동백을 대상화하고 있음이 파악된다.

일종의 심리적 전회라고 할 만한 변화는 두 번째 연

에서 발생한다. "한동안 그게 그날/변함없는 그 모습"에 시적 주체는 행위의 전환을 시도한다. "키 맞추어 앉"아 보는 행위가 그것이다. 만약 시적 주체가 근대적 주체의 우월한 태도를 건지하고만 있었다면, 시선을 다른 동백 으로 향하거나, 더 이상 관심을 주지 않았을 것이다. 주 체가 기대하는 효율성이 발현되지 않는 대상은 더 이상 도구로서의 효용이 존재하지 않기 때문이다. 그러나 주 체는 동백과 키 맞추어 앉는 행위를 통해서 주체로서의 우월한 위치를 포기하고 대상을 바라보기 시작한다. 그 것은 시적 주체의 사유가 아마도 앞서 말한바 '숨'으로 표상되는 타자지향에 기반을 두고 있기 때문이라고 생 각된다. 키 맞추기라는 행위는 주체의 자기 동일성 사유 를 포기하는 행위인 것이다. 시적 주체는 타자를 배제하 는 중심과 주변의 논리에서 벗어나, 주체 자신을 타자의 자리에 이첩하는 타자성 사유에로의 전환을 보여주고 있는 것이다. 다음 연에서 다시 주목할 점은 "알 수 없는 침묵 사이"라는 구절이다. 배제의 사유에는 언제나 자기 중심적인 논리가 수반된다. 그러나 타자성 사유로서의 공감에는 내적 초월의 사유가 개입한다. 그것은 언어를 넘어서는 것이고, 오로지 침묵이라는 어떤 의미에서 탈언 어적 언어로만 수행되는 것이다. 그 침묵 속에서 시적 주 체와 대상은 서로에게 윤리적으로 내재하는 관계를 수립

할 수 있으며, 비로소 진정한 공감이자 서로에 대한 윤리적 책임이 가능해진다.

그러므로 "홀로 견디기 힘든 아픔/나의 무관심이었다"는 성찰과 깨달음은 이 시의 시적 주체에게 피상적인 인식이 아니라, 근원적인 아픔에 대한 깊은 통찰의 인식인 것이다. 그 통찰은 다음 행의 "한 잎 한 잎 닦아주"는 어루만짐이라는 행위를 낳는다. 그것은 일방적 보살핌이 아니라 깊은 공감에서 나온 또 다른 사랑의 행위인 것이다. 그리고 그 행위에는 당연히 언어가 수반되지 않는다. 아니 수반될 필요가 없다. 다만 행위 그 자체일 뿐이다. 이는 일종의 현상학적 전회라고도 할 수 있을 것이다. 대상의 본래적이고 근원적인 모습의 현현과의 마주섬이다. 주체와 주체 사이에서 언어 자체가 괄호 쳐지는 상황이라고 할 수 있을까. 그러자 시적 주체와 동백 사이에는 근원적인 일체감이랄 만한 것이 형성된다. 시적 주체 안에 "움틀거리며 자리 잡은 망울/하늘 바라보며/움틈을 시작"하는 것이다. 이 동시적인 "움틈"의 변화를 깊이 바라보아야 한다. 그것은 고통의 희열로의 전환이다. 고통을 서로 깊이 이해했을 때, 서로의 고통에 깊이 공감했을 때, 그 고통은 새로운 세계를 향한 희열의 감각으로 뜨겁게 갱신되는 것이다. 그렇다면 이런 시적 주체의 등장이 가능했던 것은 무엇 때문일까. 시인과 시적

주체를 겹쳐서 읽어보는 상호적 독법이 허락된다면 그것
은 아마도

> 나는 얼마나
>
> 수고하고
>
> 고립되고
>
> 인내하며 살았는가
>
> 자신의 연민에 갇혀 있었는가
>
>   - 「언제라도, 지금」 부분

에서 보이듯, 시인 자신의 삶의 중심축이 바로 '인내'에
있었기 때문에 가능했던 것으로 보인다. '인내'는 '괴로움
이나 어려움을 참고 견디는 것'이라는 사전적 의미를 갖
는다. 참고 견디는 일에는 두 가지 목적이 있다. 외적 보
상과 내적 보상이 그것이다. 그리고 대부분은 외적 보
상, 즉 경제적 또는 사회적 성취라는 보상에 대한 기대
로 인해 행해진다. 하지만 시인의 경우는 다르다. "인내"
라는 시어의 앞뒤에 배치된 "수고하고/고립되고", "자신
의 연민에 갇혀"라는 구절에 주목하자. 이는 화자의 인
내의 시간이 내적 보상, 즉 일종의 내적 성숙에 있었음을
짐작하게 해 준다. 특히 "자신의 연민에 갇혀 있었던가"
라는 성찰은 타자 혹은 세계에 대한 방어기제로서의 자

기 연민에 대한 성찰로 보인다. 그 벽을 부수기 위해 수고하고 고립되는 과정 즉 인내의 과정이 시인에게는 필요했던 것이다. 그 견딤은, 시「물과 불을 담은 보석」에서 "외로움이 사치로 생각되어/눈시울 적셔지는 것조차" 그것을 "미안해"하기까지 할 때조차 그것이 자신에게도 타인에게도 닿아 적셔질 수 없는 것임을 알았을 때 시작된 것이고, 그래서 그 "견딤"은 "물과 불을 담은 보석"이라는 탁월한 역설을 품고 오히려 시인의 가슴과 삶에 빛나는 보석이 될 수 있었던 것이다. 그래서일까. 시인에게는 허리디스크라는 신체적 통증마저도 "간곡한 통증"(「간곡한 통증」)이라는 인내를 통한 성찰의 계기가 되고, "순 자르기 한 시간들 어떠한 인내였었나/나는"(「잘라내면 더 풍성해지는 것들」)에서처럼 자신의 삶에서 덜어내는 시간들 또한 인내의 시간으로 상기하기도 한다. 여기서 특기할 만한 것은 "순 자르기 한/그곳에 다시 태어난 풍성함/정지된 생각"(「잘라내면 더 풍성해지는 것」)이라는 시구에서 보이는 생각에 대한 사유다. 시인의 인내에는 '생각'이 개입되지 않고 있다. 아마 그것은 시인이 겪은 삶의 신산 때문인 듯한데, 시편들에 구체적으로 드러나지는 않는다. 다만 짐작해 본다면 "생각지도 않았는데/바람막이 하나 세우지도/못했었는데/몰아닥치는 풍랑에/앉지도 서지도 못한 채/일렁이며 철썩이는/파도에/

몇 번인가를/덮이고"(「있는 그대로」) 있는 상황에서 "온 종일 떠나지 않는 생각/풍랑의 이유도/풍랑의 유익도" (「있는 그대로」) 없다는 깨달음에서 온 것으로 보인다. 그래서일까. "가슴 아릴 정도/생각하고 고뇌해도/그저 조그마한 조각일 뿐"(「구름방석」)에서 보이는 것처럼 시인의 인내에는 생각 즉, 이유가 존재하지 않는다. 다만 인내할 뿐이다. 어쩌면 인격적 성숙이라는 내적 보상마저도 시인이 의도했던 결과가 아닌지도 모른다.

그렇다면 시인에게 이러한 인내의 삶은 어디에서 비롯된 것인지 생각해 볼 필요가 있다. 그 일단은 시 「바래지 않는 기억」에 드러난다.

한복

성경과 기도

감사

걸레

눈앞에서 선명하게 연상되는 단어들이다.

- 「바래지 않는 기억」 부분

시 속에 등장하는 할머니는 화자의 성장 과정에 큰 영향을 미친 것으로 보인다. 정갈한 신앙인의 삶을 실천하는 존재였던 할머니는 시인의 삶의 지표로 존재한다. 한결같은 삶이란 말하기는 쉬워도 실천하기는 어려운 삶이다. 한결같은 단정함의 표상인 한복과 성실한 신앙인으로서의 성경과 기도, 그리고 모든 것에 감사하는 겸손한 삶을 유지해 온 존재가 시인의 곁에 존재했었던 것이다. 이 시에서 특히 주목되는 것은 걸레인데, 집 안을 깨끗하게 유지하는 도구로서만이 아니라, 자신의 삶을 새롭게 정화하는 상징적 사물로서의 걸레를 항상 깨끗하게 유지해야 한다는 것은 희생과 실천을 동반하는 삶의 염결성에 대한 탁월하고 역설적 인식이기도 하다. 어떤 삶의 고난이 닥쳐도 "감사로 해석하"신 할머니에게 감사는 인내의 다른 말이었는지도 모른다. 할머니의 삶의 태도와 시인을 향한 사랑이 시인에게 무의식적으로 체화되었기에 시인의 인내는 가능했을 것이다. 신앙인이면서 한편으로는 선비적 풍모까지 보이는 할머니의 삶은 시인의 행동에도 반영되어 "거울 보며/옷매무시 단정히 하고/현관에 널브러진 신발들/가지런히 정리한다"(「가을을 담은 마음으로」)와 같은 단정한 일상에 영향을 미쳤다. 또한 인내가 고통에 대한 견딤이 아니라 오히려 고통을 감사하는 마음이었음을 보여준 할머니의 삶은 시인에게 인내하는 삶을 감사를 실천하는 과정으로 인식하고 행동하게 했다. 그리하여 지치고 힘든 퇴근길을, "한 발 한 발 내딛는 발밑 블록들로/감사의 징검다리"(늦은 귀갓

길)를 놓는 일로 생각하게 하고, 기다리는 가족들과 사소한 친절들에 감사하는 일을 한발 더 나아가 기쁨으로 치환할 수 있는 삶이 가능해진 것이 아닐까 생각된다. 이러한 삶의 힘은 일상에서의 인간관계에서도 넉넉하게 작용한다. 친구에 대한 감사(「내 오랜 사람아」, 「그 친구」), 갈등을 일으킨 사회적 관계를 부드러움으로 성찰하는 힘(「기다려준 그대에게」), 부모님에 대한 그리움과 감사(「코스모스 2」, 「한식날」) 등의 시편들에서는 고통의 기억보다는 감사와 사랑의 긍정적 나눔의 힘이 주된 동력으로 작용하고 있음을 볼 수 있는 것이다. 그 결과 시인의 가슴에는 "작은 동산"이 품어지게 되었고, 그 동산은 "사랑/평안/기쁨으로 채워지는/넉넉한 섬"에 대한 갈망으로 가득 차게 된다. 그 동산은 시인뿐만 아니라, "모두가 드나드는 기쁨의 장"(「축복의 동산」)으로 펼쳐지게 된 것이다. 이렇게 볼 때, 이 시집은 그간의 한국시와는 다른 측면을 보여주고 있다. 좋은 시는 개인적, 내적 상처를 반성 분석하여 그것에 보편적 의미를 부여하는 것이라는 평론가 김현의 전언과는 다른 방향의 결이라고 할 수 있는데, 고통을 긍정적 힘으로 치환하는 정서적 힘과 감수성 또한 중요하다는 전언의 가능성이다. 그리고 그 정서적 동력은 앞서 말한바 "객관화-성찰-재합일"의 도식, 그중에서도 특히 성찰과 재합일 "사이"

에서 일어나는 치환의 힘인 것이다. 그렇다면 다시 그 치환의 힘은 전봉수의 시편들에서 어떻게 발생하고 있는가 탐색해 볼 필요가 있다.

> 듣게 하소서
> 산과 들녘
> 공중을 나는 새의 노랫소리
>
> 보게 하소서
> 스치는 바람 앞에서
> 손뼉 치는 모든 나무
>
> 말하게 하소서
> 보았고
> 들었다고

- 「기도 1」 전문

지금까지 우리가 전봉수 시인의 시편들에서 살펴본 바는 간단하게 요약하자면 전봉수 시인의 시적 주체를 규명하고 그 형성과정을 탐색해 보는 것이었다. 중요한 시편들을 통해 근대적 욕망의 주체가 탈주체화하여 상호주체성을 형성하는 과정에는 시인의 삶의 근간이 되었던 인내와 감사의 동력이 작용하고 있었음을 밝혔다. 그렇다면 그 인내와 감사의 힘이 탈주체화를 가능하게 하는 치환의 동력이었다고 할 수 있을 것이다. 그 근본적 동력이 담백하고도 상징적으로 드러나 있는 것이 위에 든 시 「기도1」이다. 이 기도에는 절대자에 대한 기원의 내용과 자세가 상징적으로 드러나 있는 것으로 보인다. 전봉수의 시집에는 절대자에 대한 신앙을 드러내고 있는 시편들이 포함되어 있다. 위에 인용한 시 외에 「일으켜 세우는 기도」, 「새벽기도 1」, 「새벽기도 2」가 그것이다. 그렇다면 「기도 1」을 해석하기 위해 다른 기도시편들을 간단히 분석해 볼 필요가 있을 것 같다. 시 「일으켜 세우는 기도」에서 시적 주체는 심리적 고통으로 인해 힘들 때, 오히려 눈물을 흘리며 고백하는 자세를 기도라고 말하고 있다. 그를 통해 심리적 고통을 극복하고 겸허한 자세로 감사하는 자세가 드러나고 있다. 시 「새벽기도 1」은 새벽에 교회에 가서 절대자 앞으로 나아가 절대자의 은혜에 마음과 몸을 맡기고 절대자로 인해 기쁨과 평안을 얻었음을 감사하는 마음을 노래하고 있으며, 시 「새벽기도 2」에서는 절대자에 대해 의지하는 마음과 감사하는 마음으로 절대자가 원하는 삶을 살기를 소망하는 마음을 표출하고 있다.

이 글의 첫머리에서 파스의 견해를 빌려 시라는 행동

을 통한 존재의 개진이 종교, 특히 일종의 종교적 헌신의 행동과 행복하게 합치되는 일은 가능한 것인지 질문한 바 있다. 아마도 그 가능성의 일부를 시 「기도 1」에서 볼 수 있으리라 생각된다. 먼저 다른 종교적 시편들을 언급한 것은 이 시집이 가진 종교적 시편의 특색 중의 하나를 언급하기 위해서였다. 절대자에 대한 신앙시들에서 빠질 수 없는 것은 회개의 시편들이다. 회개는 잘못된 행동에 대한 속죄의 행위뿐만 아니라, 영원과 충만의 세계에서 근본적으로 벗어난 원죄에 대한 속죄의 행위를 포함하고 있기도 하다. 그것은 유한한 존재로서의 인간의 결핍에서 기원하는데, 바로 이 결핍의 지점을 시와 종교는 공유하고 있는 것이다. 신앙시들이 때로 시적 긴장을 잃어버리고, 간절한 정념의 표출에 떨어지고 마는 경우는 이 결핍을 오로지 속죄의 형식으로 대체하려는 정념과 의지로만 가득 채우고 있을 때다. 전봉수의 시인의 신앙시들이 일반적인 신앙시들과 구별되는 지점이 바로 여기라고 할 수 있다. 시인이 기도 시편들에서 드러내는 절대자에 대한 자세는 정념을 토로하는 속죄의 자세가 아니라, 믿음과 감사를 통해 지금 여기의 삶을 어떻게 살아가야 할 것인가에 대한 간구의 자세를 보여주고 있기 때문이다. 즉 신앙으로 인해 이루어지는 삶의 올바른 현현이 중요한 것이지, 속죄의 행위를 통해 저 영원과 충만의 세계로 건너가고자 하는 열망에 방점이 찍혀 있지 않은 것이다. 그렇다면 전봉수 시인의 이런 신앙시적 요소에 어떤 이름을 붙여야 할 것인가. 그것은 절대자에 대한 헌신이자 지금 여기의 삶에 대한 헌신이라고 명명할 수 있는 것으로 일종의 숭고한 삶에의 종교적, 시적 헌신이라고 부를 수 있을 것 같다.

그리하여 「기도 1」의 세계가 가능해진다. "듣게 하소서"라는 기원의 내용은 바로 "산과 들녘/공중을 나는 새의 노랫소리"이고, "보게 하소서"의 기원의 내용은 "스치는 바람 앞에서/손뼉 치는 모든 나무"인 것이다. 확대하자면 모든 존재들이 "노래하고 손뼉 치는" 것을 보고 듣고자 하는 것이 기원의 내용이다, 즉 모두가 즐거워하고 기뻐하는 세상을 보고 듣고자 하는 것이다. 이 기원은 얼마나 충만한 것인가. 자신의 즐거움과 기쁨에 대한 기원이 아니라, 자신을 포함한 모든 존재들의 즐거움과 기쁨에 대한 기원이라니. 그리고 그 기원은 "말하게 하소서"로 완성된다. 지금까지 보고 들었다는 완료형의 기원이 아니다. 오히려 그것은 미래 완료에 대한 기원이다. 다시 말하면, 절대자에 의해 실현되는 것이 아닌, 자신의 삶의 실천에 기반을 두는 기원이기 때문이고, 시인이 지켜온 궤적이자 앞으로 살아가고자 하는 의지가 포함된 기원이기 때문이다. 그러므로 종교적 삶에의 숭고한 헌신이 아니라, 숭고한 삶에의 종교적, 시적 헌신이라는 표현이 가능해지는 것이다.

이러한 숭고한 태도에서 발생하는 것이 어쩌면 전봉수 시집의 고전주의적 절제의 미학이라고 할 수 있지 않을까. 전봉수 시인의 시들은 질박하며 투명한 이미지를 통한 서정의 미학을 드러내고 있다. 정념들은 함부로 흘러 넘치지 않고, 여백은 시의 여운을 잘 가두리지으며, 각각 시편들은 미학적 완결성을 맺고 있다. 이런 절제의 미학은 김영랑의 '촉기'라는 말을 떠오르게 한다. 서정주 시인의 김영랑 시에 대한 평가에서 드러나는 '촉기'라는 말은 김영랑 자신이 한 말로, '슬픔을 노래 부르면서도 그 슬픔을 딱한 데 떨어뜨리지 않는 싱그러운 음색의 기름지고 생생한 기운'을 말하는데, 전봉수 시인의 시집은 바로 그 '촉기'를 품고 있다. 즉 방만한 감상이 아닌 내밀한 절조를 지향하고 있다는 말이다. 그것은 시인이 견지하고 추구하는 삶의 자세에서 발생하는 것이며, 시인이 시적 주체를 통해 드러내고자 하는 시적 사유이자 미학일 것이다. 바로 이런 전봉수 시의 미학이 가장 잘 드러나는 시가 이 시집을 여는 첫 번째 시인 「소라게」라고 할 수 있다.

저물어 가는 해 바라보다

솔잎 사이 지나는 바람 보지 못했다

멀어진 바다의 소식도 듣지 못했다

소리 없이 흐르는 여정의 끝자락

마음만 고요하다

다시

또

밀물이다

- 「소라게」 전문

이미 이 시집이 이루어낸 가장 아름다운 성취로 이 시를 들 수 있을 것 같다. 약간의 과장이 허용된다면, 이 시는 전봉수의 시집 전부를 함축하고 있는 동시에 이 시집 전체를 다시 시작하게 하는 힘을 가지고 있다고 말할 수 있을 것 같다. 거짓 욕망들, 억압된 숨들로 가득 찬 세계에서 하루하루를 절제의 미학으로 인내하고 감사하며 숭고한 자세로 묵묵히 살아가는 존재의 마음의 적요, 그러나 그 존재가 어쩔 수 없이 품게 되는 자신 혹은 세계에 대한 비애 또한 여실히 드러나고 있는 것이다. 세속적 가치에 대한 성취와 집착의 욕망이 아니라 감사를 통한 내적 초월 의지로 살아가는 삶, 한편으로 절대자에 대한 귀의를 통해 자신의 삶과 세계에 대한 안정과 평화를 추구하는 삶에도 때로 막막함은 존재하는 것이다. 이 시를 읽으면서 떠올린 것은 바로 윤동주의 「서시」였다. "하늘을 우러러 한 점 부끄럼 없기를 잎새에 이는 바람에도 나는 괴로워했다"는 성찰은 끝내 "별을 노래하는 마음으로 모든 죽어가는 것을 사랑해야지"라는 의지를 이끌어내지만, 다시 "바람에 스치우는 별"을 만나고 마는 것이다. 그리하여 시는 다시 처음으로 되돌아가고야 만다. "하늘을 우러러 한 점 부끄럼 없기를". 아마도 "바람에 스치우는 별"을 만나는 마음이 이 시의 마지막 구절 "다시/또/밀물이다"에 해당하는 것은 아닐까. 썰물과 밀물 사이에서 저물어 가는 해를 바라보는 소라게, 그 여정의 끝자락에 서서 이제 다시 시작될 밀물을 바라보는 시인의 막막하면서도 고요한 마음은 얼마나한 실존적인 풍경인가. 전봉수 시인의 고전주의적 절제의 미학, 그리고 그 내면의 숭고와 적요 앞에서 나 또한 다가올 밀물 앞에서 어떤 태도로 삶을 지탱해야 할 것인지 거듭 시구를 되뇌이게 된다.

*

다시

또

밀물이다

*

다시

또

밀물이다

*

다시

또

밀물이다

상상인 시인선 083

그곳은
또다른
숨

지은이 전봉수

초판인쇄 2025년 9월 5일 초판발행 2025년 9월 11일

펴낸곳 도서출판 상상인 편집주간 황정산 펴낸이 진혜진

표지디자인 최혜원 기획·마케팅 전은빈 최유림 노혜림 정현수

책임교정 종이시계 편집 세종PNP

등록번호 제572-96-00959호 등록일자 2019년 6월 25일

주소 06621 서울시 서초구 서초대로74길 29, 904호

전화번호 02-747-1367, 010-7371-1871

팩스 02-747-1877 전자우편 ssaangin@hanmail.net

ISBN 979-11-7490-007-4 (03810)

값 12,000원

* 이 책은 ◉충주시, ▧충주문화관광재단의 후원을 받아 충주문화예술지원사업의 일환으로 발간되었습니다.

• 이 도서의 국립중앙도서관 출판시도서목록(CIP)은 서지정보유통지원시스템 홈페이지(http://seoji.nl.go.kr)와 국가자료공동목록시스템(http://www.nl.go.kr/kolisnet)에서 이용하실 수 있습니다.